PLAINTES

DE LA

BIBLIOTHÈQUE NATIONALE

AU

PEUPLE FRANÇAIS

ET

A SES REPRÉSENTANTS.

PARIS.

TECHENER, LIBRAIRE, PLACE DU LOUVRE, 20.

JUILLET 1848.

PLAINTES

DE LA

BIBLIOTHÈQUE NATIONALE

AU PEUPLE FRANÇAIS

ET A SES REPRÉSENTANTS.

PLAINTES

DE LA

BIBLIOTHÈQUE NATIONALE

AU

PEUPLE FRANÇAIS

ET

A SES REPRÉSENTANTS.

PARIS.

TECHENER, LIBRAIRE, PLACE DU LOUVRE, 20.

JUILLET 1848.

PLAINTES

DE LA

BIBLIOTHÈQUE NATIONALE

AU PEUPLE FRANÇAIS.

Peuple français, toi qui, par ta seule vaillance,
As su porter si loin la gloire de la France,
Toi qui souvent aussi, vainqueur même des Rois,
As renversé leur trône et reconquis tes droits,
Souffre que d'une plainte à nulle autre pareille
Aujourd'hui, malgré moi, j'occupe ton oreille.
Des bruits, des bruits affreux sont venus jusqu'à moi
Répandre dans mes murs et le trouble et l'effroi !
On dit, et sans douleur je ne puis le redire,
On dit que contre moi tout le monde conspire.
De tous ces bruits un seul a droit de m'affliger :
Par ton ordre, dit-on, on me fait déloger !
Eh quoi ! serait-il vrai ? Pauvre vieille ! à mon âge
Un décret, en ton nom, veut que je déménage ?
Mais que dis-je ? Français, au son de cette voix
Qu'ici vous entendez pour la première fois,

Je vois votre surprise, et vous voulez, sans doute,
Que je m'explique mieux au Peuple qui m'écoute,
Car mon nom, il est vrai, vous le connaissez tous ;
Mais parlons franchement, il en est parmi vous
Qui peut-être n'ont vu que de loin mon enceinte,
Et qui connaissent peu tous mes sujets de crainte.
J'ai peu de confidents de toutes mes douleurs :
Apprenez donc de moi mes périls, mes malheurs !
Plus que vous ne pensez ils touchent votre gloire.
Français, écoutez tous ma déplorable histoire.

Non loin de ce palais d'un fameux cardinal,
Devenu sous vos lois Palais National,
S'élève un temple saint, séjour pur et tranquille,
Au milieu du tumulte et des flots de la ville ;
Sanctuaire secret du sage révéré,
Où jamais le savant sans respect n'est entré.
Là celui qui du vrai fait son unique étude
Au centre de Paris trouve la solitude.
C'est là que, par mes soins, d'âge en âge amassés,
Dans un ordre admirable et rangés et classés,
Dorment ces monuments, éternelles archives,
Du génie et du goût sources pures et vives.
A l'arbre de science incessamment cueillis,
Ces fruits de tous les temps par moi sont recueillis ;

Comme on voit à l'automne, et jaune et desséchée,
De l'arbre, au gré des vents, la feuille détachée
Tomber en voltigeant de ses rameaux flétris,
Pour engraisser bientôt le sol de ses débris,
Tel est, non moins rapide, ici-bas, dit Homère,
Des générations le passage éphémère.
Mais l'homme, plus heureux dans ses créations,
Se survit à lui-même en ses productions,
Et, s'il reçut du ciel la divine étincelle,
Laisse après lui sur terre une trace immortelle.
Pour ces trésors nombreux, ces richesses sans prix,
Quel plus digne palais que ces pompeux lambris
Où Mazarin, des rois égalant la puissance,
Étalait tant de luxe et de magnificence?
Mazarin! quoi! ce nom vous serait-il suspect?
Pourquoi n'aurait-il pas droit à notre respect?
Il était étranger!... Mais dans notre patrie
Il amena les arts enfants de l'Italie!
Et, malgré les partis, les grands et les frondeurs,
D'un âge plus brillant préparant les splendeurs,
Du siècle de Louis son siècle fut l'aurore.
Mazarin, en un mot, mérite qu'on l'honore!
De l'art, de la science il voulut le progrès.
Ce mot n'aurait-il plus de sens chez les Français!

Mais que respecte-t-on dans le siècle où nous sommes ?
J'ai peine maintenant à concevoir les hommes,
Et, dussé-je passer pour radoter, je crois
Que je préfère encor les hommes d'autrefois.
Depuis cent ans, enfin, j'ai la douce habitude
D'habiter ce palais en pleine quiétude.
Eh bien ! le croiriez-vous ? d'un séjour qui m'est cher,
Le dessein en est pris, on prétend m'arracher !
On dirait qu'aujourd'hui, par une infâme intrigue,
Pour ma destruction tout le monde se ligue.
Je ne sais quel vertige a rempli les esprits,
Et, jusqu'à mes voisins, tout est sourd à mes cris.
Les cruels ! ils ont dit, dans leur rage ignorante :
« Éloignons du quartier cette vieille impuissante
« Qui, dans ces lieux brillants par le luxe embellis,
« Étale sa masure au milieu de Paris,
« Et, projetant sur nous sa masse noire et sombre,
« Obscurcit chaque soir nos splendeurs de son ombre. »
Grands dieux ! vit-on jamais esprits plus insensés !
L'ai-je bien entendu ? quoi ! vous me repoussez !
Cruels ! vous me chassez ! pareils, en vos caprices,
A ces enfants ingrats qui battent leurs nourrices.
Mais quoi ! tout votre éclat et vos prospérités
A qui les devez-vous, sinon à mes clartés ?

Sinon à ce foyer d'éternelle lumière
Que je cache en mon sein comme en un sanctuaire ;
D'où jaillit la science épanchée à grands flots
Pour nourrir l'industrie et ses mille canaux ?
Voyez si l'étranger, qui parmi nous abonde,
Qui vient me visiter de tous les coins du monde,
Et toujours en passant sème l'or dans ces lieux,
Voyez si de ma vue il détourne les yeux,
Malgré l'ignoble amas de grotesques peintures,
D'affiches, de journaux et de caricatures,
De pamphlets odieux dont mes murs affligés
Plus que par l'âge encor sont sans cesse outragés ?
Que le clerc ignorant, le courtaud de boutique,
Le commis qui se pose en profond politique,
Et d'un premier Paris prend les airs et le ton ;
Que ces fins connaisseurs qui, dans le feuilleton,
Suivent tous les progrès de la littérature ;
Gens qui n'ont jamais vu ma salle de lecture,
Pour qui les romans d'X..., Y... *et cætera,*
Du génie et du goût sont le *nec plus ultra ;*
Que tous ceux-là pour moi soient pleins d'indifférence,
Leur sot dédain m'amuse et n'a rien qui m'offense.
Ai-je rien de commun avec ces sottes gens ?
Mais qu'un cerveau pourvu de raison et de sens,

Des hommes distingués que la science éclaire,
Dont l'œil est dès l'enfance ouvert à la lumière,
Et que pour ses progrès l'Etat paye fort bien,
Savant, poëte, artiste, académicien,
D'une voix unanime approuvent ce système,
Et lancent contre moi ce barbare anathème,
Voilà ce qui m'indigne ! Oui, tous vous me jugez,
Guidés, je le vois trop, par de sots préjugés.

C'est ainsi que naguère on a vu ces Édiles,
Choisis pour embellir la reine de nos villes,
Servant, sans le savoir, mes ennemis secrets,
Ou peut-être, dit-on, de plus vils intérêts,
Qui l'eût cru ? se liguer avec la bande noire
Contre les monuments consacrés par l'histoire.
Déjà de mon exil l'arrêt, l'inique arrêt,
Ou plutôt de ma perte, hélas ! était tout prêt.
J'entends encor, j'entends ce tribunal auguste
Répondre d'une voix sévère autant qu'injuste :
« Il est avec le ciel quelque accommodement ;
« Mais il n'en est jamais avec l'alignement. »
Tel était leur langage ! et quels étaient leurs droits
Pour me traiter ainsi, moi la fille des Rois ?
Ces bourgeois, aujourd'hui si fiers de leur richesse,
Avaient donc oublié leur antique bassesse ?

Ils osaient me parler sur ce ton de mépris,

A moi qui sais si bien ce qu'ils furent jadis,

Et comment de Miron le modeste héritage

S'est successivement agrandi d'âge en âge !

Et c'était pour combler leurs désirs fastueux !

C'était pour étaler un luxe ambitieux !

Car de vos échevins la puissance rivale

De tous temps a voulu des Rois marcher l'égale ;

Et les murs de la Ville, à leur gré trop étroits,

Surpassent aujourd'hui le palais de nos Rois.

Mais moi, qui dans mes goûts toujours simple et modeste

(Et mieux que mes discours mon aspect vous l'atteste),

Ai toujours préféré l'austère majesté,

Je voudrais, ce n'est pas certes par vanité,

Voir enfin, à mon tour, agrandir mon domaine

Devenu trop étroit pour la pensée humaine.

Aussi je me consume, hélas ! sur mon trésor ;

Je suis comme un avare et j'entasse mon or ;

Or qui, je l'avoûrai, n'est pas sans alliage.

D'or et de vil métal singulier assemblage !

Car quel temps fut jamais plus fertile en écrits,

Plus fécond en auteurs, savants ou beaux esprits,

En talents de tout genre et surtout en poëtes ?

Poëtes en sabots, poëtes en cornettes !

Mais que je plains surtout ces êtres malheureux,
Honte de notre sexe ! qu'on nomme Bas-Bleus,
Dont la verve équivoque et toujours famélique,
Vit des fruits qu'a portés la palme académique !
C'est du progrès, dit-on ; moi j'aime le progrès,
Et l'adopte parfois quand j'en vois les effets ;
Car moi je ne suis pas de ces vieilles quinteuses,
D'humeur acariâtre et toujours querelleuses,
Louant sur tous les points le passé. Sans mentir,
De tous les préjugés j'ai su me garantir.
Croyez-moi, mes enfants, en rien je n'exagère !
Enfin je ne suis pas une vieille ordinaire !
J'aime avant tout le bon, le beau, la vérité ;
Mais j'admets dans mon sein, sans partialité,
Légitime ou bâtard, tout produit de Minerve,
Le relie avec soin, le garde et le conserve.
Bons, mauvais, grands, petits, tous ont part à mes soins.
Les livres les meilleurs sont ceux qu'on lit le moins.
Qui le sait mieux que moi ? J'ai de l'expérience !
Tout est bon, je le sais, tout sert à la science.
Les mérites, les rangs chez moi sont confondus ;
Virgile tirait l'or du fumier d'Ennius.
Souvent au vil caillou, du feu divin qu'il cèle,
Le contact du génie arracha l'étincelle.

Ah ! si dans ce ramas qui gonfle mon trésor,
Il fallait du plomb vil séparer le pur or ;
S'il fallait, en un mot, tirer la quintessence
Du vrai beau, du bon goût, de l'art, de la science,
Parmi ces fruits mort-nés qui, toujours renaissants,
Viennent dans mes rayons s'enterrer tous les ans,
Et dont, plus à Paris qu'en aucun lieu du monde,
A flots toujours nouveaux la presse nous inonde,
Un modeste réduit, un simple coffre-fort
Peut-être suffirait pour conserver mon or,
Et je ne viendrais pas, descendant à la plainte,
Vous supplier ici d'agrandir mon enceinte.
Mais enfin ce dépôt, tel qu'il est, c'est pour moi
Le garder un devoir, l'augmenter une loi.
D'ailleurs qui peut jamais prévoir la destinée
De telle œuvre en naissant à la mort condamnée ?
Oui, dans ma nécropole, avec un soin pieux,
Pleine d'un saint respect, gardien religieux,
Comme l'Égyptien, je veille ces momies
Qui, pour l'éternité sont peut-être endormies,
Mais que peut-être un jour, d'un regard curieux,
On verra l'antiquaire exhumer de ces lieux.
Quel mortel assez fou pourrait donc nous répondre
Des chefs-d'œuvre à venir et faits pour nous confondre ?

Et vous voulez, la toise, ou mieux le mètre en main,
Dans des ais mesurés parquer l'esprit humain !
Il se sent à l'étroit dans les bornes du monde,
Et vous voulez régler sa course vagabonde ;
Et, comme aux premiers jours à la mer Dieu parla,
Lui dire imprudemment : « Tu t'arrêteras là ! »
Mon bassin fut un jour creusé pour tous les âges :
De cette mer il faut reculer les rivages !
Laissez cet océan dans son antique lit ;
Mais qu'il n'y soit jamais gêné ni circonscrit ;
Que les fleuves voisins et les sources fécondes
Y versent librement le tribut de leurs ondes.

Vous donc qui succédez à ces aveugles-nés,
Magistrats qui par nous et pour nous gouvernez,
Vous ne poursuivrez pas cet absurde système ;
Vous ne souscrirez pas à cet arrêt suprême ;
Embellissez nos murs ; mais, pour être embelli,
Faut-il que tout entier Paris soit démoli ?
Faut-il qu'à chaque instant et pour toujours s'efface
De notre vieux Paris la poétique trace ?
Et voir, de nos aïeux perdant tout souvenir,
Aux dépens du passé s'enrichir l'avenir ?
— Mais tout est moyen-âge, aujourd'hui ; c'est la mode,
Direz-vous. — Il est vrai, votre goût s'accommode,

Je le vois bien, des plus bizarres ornements !
Mêle sans goût le bronze avec les diamants.
Le luxe des salons et des palais gothiques
Est passé de nos jours jusque dans les boutiques ;
Dans tous les magasins, de gaz resplendissants,
Ce ne sont que tapis, ce ne sont que divans.
C'est peu que, pour garnir ses riches étagères,
L'amateur fastueux, aux rives étrangères
Fasse de tous côtés ramasser à grands frais
Tout ce que l'art produit de vains colifichets ;
Pour assouvir son luxe il faut que des vieux âges
L'art reproduise encor d'imparfaites images.
Que de styles souvent dans la même maison !
Pompadour au premier, moyen-âge au second ;
Et pour surcroît de goût et de magnificence,
Coupole byzantine et dehors renaissance.
    Oui, c'est fort beau ! c'est là du progrès, j'en convien ;
Mais, je vous l'avoûrai, je n'y conçois plus rien.
De ces styles divers le bizarre mélange
Ne présente à mes yeux qu'un pêle-mêle étrange.
Un grand siècle a toujours son style, son cachet ;
Le vôtre n'en a point, je le dis à regret.
— La vieille assurément radote, allez-vous dire. —
Eh bien ! soit. Réprimez les transports de votre ire !

Puisque vous le voulez, je vais changer de ton ;
Mais souffrez qu'un instant je vous parle raison :
Vous qu'en ce jour le peuple a choisis pour Édiles,
Consacrez vos instants à des soins plus utiles ;
A d'autres laissez l'art d'embellir la cité ;
Vous, songez un peu plus à sa sécurité !
Redoublez, s'il se peut, de soins, de prévoyance !
Qu'en tout temps soient remplis vos greniers d'abondance ;
Que Paris, inquiet du pain du lendemain,
Ne soit jamais réduit à redouter la faim.
Gardez que l'architecte et le propriétaire,
Éternels ennemis du pauvre locataire,
Lorsque nos yeux surpris voyent de toutes parts
La ville s'élargir en vastes boulevards,
Entassant tout exprès étages sur étages,
Enferment des humains dans ces étroites cages,
Dans ces obscurs cachots où l'homme emprisonné
A périr faute d'air est bientôt condamné.
Surtout n'écoutez pas ma sœur l'Architecture,
Qui semble dédaigner le gazon, la verdure ;
On dirait, à la voir, qu'elle veut à tout prix
Exiler pour jamais les arbres de Paris.
Que dis-je ! à chaque pas la vie est menacée,
Si vous ne réglez mieux la course embarrassée

De ces milliers de chars, juste effroi des passants,
Dont le nombre paraît s'accroître tous les ans,
Et semble ne porter, quel péril est le nôtre!
La moitié de Paris que pour écraser l'autre.
Et le pauvre piéton, que va-t-il devenir,
Si, soigneux de ses jours, on ne vous voit bannir
Aux portes de Paris, par excès de prudence,
Près du léger wagon la lourde diligence?
C'est peu de ces dangers. Que dirais-tu, Boileau,
Toi qui nous fis jadis un si piquant tableau
De tous les embarras de notre grande ville,
S'il t'en fallait citer aujourd'hui plus de mille?
Si, du séjour des morts tout à coup transporté,
Au milieu des progrès de ce siècle vanté,
Tu cherchais parmi nous la fleur de politesse
Qui longtemps fit l'orgueil de l'antique Lutèce?
Si tu voyais, au lieu des abbés, des marquis,
Du bon ton, du bon goût, ces modèles exquis,
Nos modernes Lions, le cigare à la bouche,
Encenser de tabac la beauté qui les touche?
Si tu voyais Paris, ce centre du bon goût,
Dans toutes les saisons plus sale qu'un égout?
Je n'en finirais pas si je voulais tout dire.

 Ediles, que d'abus avant tout à détruire!

Mais laissez là mes murs, ils ont bien quelque prix
Parmi les monuments de l'antique Paris ;
Car si du Mazarin la riche galerie
Ne vaut pas à mes yeux mon humble boiserie,
Faut-il que les tableaux du vieux Romanelli
Périssent à jamais dans un injuste oubli ?

    Mais quoi ! nul d'entre vous ne veut donc me comprendre?
Contre mes ennemis nul ne veut me défendre ?
Car j'en ai ; vraiment oui ! je le dis sans détour !
Il est temps sur ce point de parler à mon tour.
Assez et trop longtemps des feuilles ennemies
Ont lancé contre nous d'infâmes calomnies.
Contre moi, pauvre vieille, hélas ! qui de tout temps
Au respect du public ai dressé mes enfants !
A tant d'acharnement je ne puis rien comprendre ;
Mais il faut à la fin parler et les défendre,
Et montrer dans son jour toute la vérité.

    Est-il sort plus cruel, surtout moins mérité,
Que celui qui poursuit mes bibliothécaires ?
Moi seule je connais leur vie et leurs misères,
Leurs pénibles travaux ; mais que puis-je pour eux ?
Que puis-je faire, hélas ! que de stériles vœux ?
De qui recevront-ils, enfin, leur récompense?

    Que les temps sont changés ! hélas ! lorsque j'y pense,

Pour moi, pour mes enfants! et combien autrefois
Ils coulaient d'heureux jours sous mes paisibles lois!
  D'érudits empressés, à peine un petit nombre
Venait sous mes lambris, dans l'été, chercher l'ombre;
Et, moins nombreux encor, bravant les cruels froids,
Occupés tout entiers à souffler dans leurs doigts,
Ils n'osaient accuser la rigueur de leurs pères,
Qui ne connaissaient point les doux calorifères.
Moins éclairé peut-être, et plus discret alors,
Le savant jouissait en paix de mes trésors.
C'était le siècle d'or! Deux jours sur sept, à peine,
De mes riches filons s'ouvrait la docte veine,
Et tous trouvant chez moi le calme et le repos,
En vrais bénédictins vaquaient à leurs travaux.
Un jour, je m'en souviens, jour que, dit-on, l'histoire
Doit inscrire à jamais au temple de mémoire,
Tout à coup retentit le cri de liberté!
Comme tout cœur français mon cœur a palpité.
Soudain de toutes parts l'impatiente foule,
Avide de clartés, dans mon temple s'écoule.
Tout est ouvert! le peuple a réclamé ses droits,
Et règne en souverain dans ce palais des Rois.
Depuis, tous ont reçu de mes mains libérales
Le pain de la science à portions égales.

Mais bientôt, je l'ai vu, quel fut mon désespoir !
Malgré leur zèle actif à remplir leur devoir,
Mes prêtres ne pouvaient suffire aux sacrifices !
Qui pourrait du public contenter les caprices ?
Car il faut l'avouer, ainsi qu'en sots auteurs
Notre siècle est fertile en stupides lecteurs.
Mais des oisifs surtout quelle est la tyrannie !
Pour peindre de chacun les goûts et la manie,
D'Horace il me faudrait emprunter les pinceaux.
    De livres cet oisif entasse des monceaux,
Et le conservateur, qui pour lui s'évertue,
Sans cesse entend gronder ce refrain qui le tue :
« Monsieur il faut fermer, morbleu ! je le soutien,
« Cette bibliothèque où l'on ne trouve rien. »
L'autre appelle ignorant le bibliothécaire,
Lorsqu'on n'a pu trouver un livre imaginaire
Que pour lui tout exprès ont devait imprimer.
Ce poëte crotté qui s'épuise à rimer,
Lassé des vains efforts d'une ingrate Minerve,
Vient voler Richelet pour enrichir sa verve.
Combien on compterait de ces hardis flâneurs
Qui, pour tuer le temps, fléaux des travailleurs,
Sans employer jamais encre, papier ni plume,
Promènent leur ennui de volume en volume !

Des lecteurs usurpant et la place et le rang,
L'un dort sur une table et l'autre sur un banc.
Dirai-je le rentier qui, par économie,
Pour se chauffer l'hiver, passe toute sa vie
Le matin dans mes murs, le soir au Panthéon ?
Heureux si, s'emparant d'un ancien feuilleton,
Il peut se rapprocher de la douce atmosphère
D'un des quatre conduits de mon calorifère !
Cet autre oisif pour qui tout volume est égal,
Pendant six mois entiers lit l'Almanach royal.
Ceux-là viennent, poussés par une autre manie,
Chaque jour compulser leur généalogie,
Et chaque jour, déçus, ils s'en vont furieux,
Car d'Hozier oublia le nom de leurs aïeux.
Trop souvent lorsqu'il faut, remontant vers les nues,
De mes combles scruter les routes peu connues,
Du service plus d'un gourmande la lenteur,
Et voudrait que le livre objet de son ardeur,
Plus vite que le vent, que la flèche lancée,
Pour lui tombât du ciel et prévînt sa pensée ;
Mais que si, par malheur, quand le panier descend,
La machine en travail accouche d'un *absent*,
Chacun sait quel orage ou plutôt quel scandale
Son transport furieux jette alors dans ma salle :

Quels mots injurieux, quels horribles propos
De mes murs profanés insultent les échos !
Des lecteurs dangereux dirai-je les ravages,
Les feuillets déchirés, l'encre inondant les pages ?
Dirai-je l'écolier, animal destructeur,
Qui, pour l'étudier, lacère son auteur ?
Fléau plus redoutable et cent fois plus à craindre
Que le feu ni les vers, qui ne peuvent m'atteindre.
Vous peindrai-je ces flots de bavards visiteurs,
Ces oisifs curieux, dangereux fureteurs,
Touchant tout, brouillant tout et jetant dans ma salle
Plus de bruit qu'on n'en fait à midi dans la halle ?
Ah ! faut-il voir, hélas ! mes autels encensés
Par la foule importune et par tant d'insensés !
Faut-il longtemps subir cette honte ? et mon temple
Que l'univers de loin avec respect contemple,
Doit-il à cette tourbe une hospitalité
Peu digne de son nom et de sa majesté ?
Je l'avoue entre nous, j'ai plus de sympathie
Pour l'amateur atteint de bibliomanie,
Qui, toujours le compas et la règle à la main,
En extase devant un docte parchemin,
En calcule avec soin les lignes et les marges,
Et paye au poids de l'or les blanches et les larges.

Sa folie, après tout, donne encor quelque prix
A des livres tombés dans un juste mépris.
Ah! qui pourrait jamais exprimer la torture
Qu'un bibliothécaire incessamment endure!
Toujours courant! toujours harcelé, harassé,
Et de ses longs travaux si mal récompensé!
    Trois lustres et trois ans ont comblé sa misère.
Mais enfin le ciel semble exaucer ma prière.
Qu'ai-je entendu? grand Dieu! ce tumulte, ces cris...
La Liberté, dit-on, de retour à Paris,
A déployé sur nous ses drapeaux tutélaires,
Et du peuple français fait un peuple de frères!
Peuple! naguère esclave, aujourd'hui souverain,
Que je sois de la veille ou bien du lendemain,
Qu'importe? A mes conseils, à mon expérience
Tu peux t'abandonner en pleine confiance.
Mais garde-toi surtout de ces vils orateurs,
Si dédaigneux hier, aujourd'hui si flatteurs,
Et du ton caressant de tel qui veut peut-être
T'opprimer à son tour et devenir ton maître.
Pour moi je te dirai de dures vérités :
Ne crois pas leurs discours sur les capacités!
Les hommes sont égaux, mais par la destinée,
Hélas! il est trop vrai, leur race est condamnée

A remplir ici-bas des rôles différents.
Respect à la science, au génie, aux talents !
Honneur à l'ouvrier d'art et d'intelligence
Qui cultive en secret l'arbre de la science !
Cet arbre aux rameaux d'or qui dans l'ombre apparaît
Aux yeux seuls de l'élu dans la sombre forêt !
L'élu du ciel reçut le don de la lumière,
Mais pour la partager d'abord avec son frère.
Pourquoi rougirais-tu de lui donner la main,
Faible aveugle ? il pourra te guider en chemin.
Oui, dans chacun des miens tu trouveras un frère !
Songe qu'on naît poëte et bibliothécaire !
Peuple, rappelle-toi cette suprême loi !
Rappelle-toi surtout ce qu'ils ont fait pour toi :
Dès longtemps ce sont eux qui vont dans la poussière
Exhumer chaque jour des trésors de lumière,
Germe heureux de ces arts et de ces libertés
Dont les fruits aujourd'hui par toi sont récoltés.
Si leur saveur te plaît, si leur douceur te flatte,
Que ton âme envers eux ne soit jamais ingrate !
Ouvriers comme toi, peut-être plus souffrants,
Victimes du caprice et de l'orgueil des grands !
De leurs obscurs labeurs nul ne plaint la misère ;
On dirait qu'ils sont nés pour porter la lumière,

Comme une tour en mer jette au loin la clarté,
Du milieu de la brume et de l'obscurité.
Non, tu n'entendras pas l'infâme calomnie
Qui verse son venin sur cette noble vie.
Peuple, tu les connais! peux-tu trouver ailleurs
Ouvriers plus actifs, plus ardents travailleurs?
Des prêtres remplissant, d'une foi plus sincère,
Leur noble mission, leur sacré ministère?
Et, du premier ministre au dernier desservant,
Plus de science unie à plus de dévoûment?
Pour eux comme pour toi s'ouvre une nouvelle ère;
C'est à toi maintenant de finir leur misère!
C'est à toi maintenant d'assurer mon repos.

Quoi! l'on veut que je coure et par monts et par vaux!
Quoi! nul ne prend pitié de ma longue souffrance!
Faut-il le dire, enfin? J'en rougis pour la France.
Français! avez-vous pu m'oublier si longtemps?
Ouvrez donc aujourd'hui l'oreille à mes accents;
Quelque étranges qu'ils soient, et dussiez-vous sourire
Des accords surannés de mon antique lyre,
Dussiez-vous rire encor de ma simplicité,
C'est en vers que jadis parlait la vérité.
Pour dire mon avis je brave la censure;
L'habitude est chez moi forte comme nature.

En vain depuis vingt ans, pour calmer mon effroi,
Sans cesse l'on me dit qu'on s'occupe de moi ;
Tout ce que j'entends dire et m'afflige et m'irrite.
Mais aujourd'hui j'apprends qu'on me prépare un gîte ;
Au Louvre on veut porter mes pénates, dit-on.
Qui, moi, je changerais, non, non, mille fois non,
Pour ces lambris dorés, ces royales peintures,
Et mes festons de chène et leurs simples sculptures ?
Pas si folle, vraiment ! Non, non, pas tant d'honneurs !
L'ambition perdit plus d'une de mes sœurs.
Des révolutions quand vient l'heure fatale,
Le feu divin s'éteint, la torche du Vandale
S'allume au sombre feu de l'abîme entr'ouvert,
Et vomit parmi nous tous les feux de l'enfer.
Tout justifie, hélas ! une trop juste crainte.
Du Louvre vous voulez que la royale enceinte
Du vrai beau, du bon goût, du génie et des arts
Réunisse en un point les prodiges épars ?
Les discordes, hélas ! de jour en jour moins rares,
Un jour y conduiront ces hordes de barbares
Que l'univers a vus, déployant leurs fureurs,
Éteindre son flambeau dans leurs flots destructeurs.
Songez-y bien, le monde en un jour peut apprendre
Que tous ces monuments sont un monceau de cendre.

Et ce Louvre, d'ailleurs, quel siècle fortuné
Se vantera jamais de le voir terminé ?
— Il s'achèvera ; car, argument sans réplique,
Jamais de pots-de-vin dans une république !
— Oui, mais en attendant que vais-je devenir,
Moi qui vois le présent et prévois l'avenir,
Qui vois diminuer et se combler sans cesse
Le bassin provisoire où coule ma richesse ?
S'il ne s'élargit pas, que ferai-je ? — A quoi bon,
Va me dire à ces mots quelque nouveau Timon ;
De livres, que nous font ces ramas indigestes,
Utiles rarement, et plus souvent funestes ?
Qu'un vaste auto-da-fé nous délivre à jamais
D'inutiles bouquins amassés à grands frais !
— Qu'on y jette surtout les bibliothécaires,
Diront ces vieux savants, auteurs atrabilaires
De mémoires diffus, de poëmes mort-nés,
Qui jamais d'aucun prix n'ont été couronnés ;
Ces poëtes éteints dont la muse tragique
N'a jamais pu dormir au trône académique.

Mais vous qui de mon sort prétendez disposer,
A de moindres périls croyez-vous m'exposer,
Lorsque vous confiez à des mains mercenaires
Les trésors conservés par mes soins tutélaires ?

Que diront, en voyant vos projets insensés,
Des Naudé, des Van-Praet les mânes courroucés ?
Quand ils verront traîner sur les places publiques
Tant de vieux monuments, précieuses reliques,
Ces merveilleux essais d'un art alors nouveau,
Enfant déjà fait homme et cachant son berceau,
Que révère à genoux le vrai bibliomane,
Et que ne doit jamais toucher un doigt profane?
Mes *circa*, mes vélins, mes riches manuscrits,
Dont la peinture et l'or ont rehaussé le prix ;
Cet or si pur encor, ces fraîches miniatures
Qui des siècles nombreux ont bravé les injures ;
Ces marges que jamais n'entama le couteau,
Mon luxe, mon orgueil à moi, dans le ruisseau
Engloutis pour toujours ou broyés sous la roue,
Périraient tout entiers dans des monceaux de boue !
    Quoi ! l'on m'exposerait à cet horrible sort !
Anathème, anathème à qui sur mon trésor
Osant porter sa main abominable, impie,
Voudrait me réserver à tant d'ignominie !
Et que le nom d'Omar, des lettres détesté,
Lui demeure à jamais dans la postérité.
Songez-y, dans la rue à peine descendue,
Je le prévois trop bien, Français, je suis perdue.

Oui, cet horrible arrêt quiconque l'a dicté,
C'est l'arrêt de ma mort, hélas ! qu'il a porté.
   Toi donc, Peuple, qui veux la gloire de la France,
Et vous, Représentants, ma plus chère espérance,
Voulez-vous, désireux d'un solide renom,
Au plus grand des bienfaits attacher votre nom ?
Prononcez au plus tôt l'arrêt irrévocable
Qui fixe mon palais sur sa base immuable ;
Dictez sans plus tarder cette suprême loi
Qui le rende à jamais immortel comme moi !
Vous-mêmes réglez-en le plan et la structure,
Et, sous vos sages lois, laissez l'Architecture
En faire, s'il le faut, un chef-d'œuvre des arts,
Capable de charmer désormais les regards.
Que de mes murs surtout épargnant ce qui reste,
Elle abjure à jamais un système funeste ;
Ou bien non, laissez-la toujours me réparer,
Et je n'aurai bientôt plus rien à restaurer !
Quant à moi, qu'il s'allonge en vastes colonnades,
Que le cintre ou l'ogive en ouvre les arcades,
Peu m'importe, pourvu que mon temple debout
Ne soit plus un objet de mépris, de dégoût,
En horreur au passant qui le fuit à la ronde
Comme un cloaque impur, comme un reptile immonde.

Quoi ! je vois mon palais et ses abords affreux
Depuis plus de trente ans plus sales , plus hideux
Que l'antre de Cacus ou bien de la Sibylle,
Et l'on trouve mauvais que j'exhale ma bile !
Quoi ! je verrai mes murs sans cesse bigarrés ,
Vrais arlequins , offrir à tous les désœuvrés ,
Dans ces nombreux placards que sur eux l'on applique,
De quoi faire en plein vent un cours de politique !
Ah ! s'il fallait longtemps endurer cet affront ,
J'aimerais mieux subir l'ignoble badigeon.

Mais non , mieux inspirés , du temps sur mon visage
Réparez, s'il se peut, l'irréparable outrage.
Que le teint noir des ans, ce vernis du passé ,
Sur mes murs rajeunis soit partout effacé ;
Que ma circonférence , enceinte continue ,
Soit un cercle sans borne , énorme en étendue ,
Sans mesure, sans fin , comme l'éternité ;
Que son vaste pourtour, comme elle illimité ,
S'étende à chaque pas que fera la science ;
Que ce soit comme une île , une oasis immense ;
Que la rue à l'entour s'écarte avec respect !
Que, pour mieux l'embellir, rien n'en gêne l'aspect !
Que mon temple, en un mot, soit comme une arche sainte
Inaccessible au bruit, à l'émeute, à la crainte,

Où la science puisse habiter en repos ;

Que jamais le tambour n'alarme les échos,

Paisibles habitants, muets sous mes arcades ;

Loin du flot populaire et loin des barricades,

Que les muses, enfin, tranquilles désormais,

Y puissent rencontrer le silence et la paix.

Sois désormais moins fière, orgueilleuse industrie !

Prosterne-toi devant ce palais du génie.

Oui, ce temple, des arts éternel monument,

Sera de ton quartier le plus bel ornement.

Français, voilà l'avis qu'un juste orgueil m'inspire ;

Il est digne de vous et de moi, c'est tout dire.

Je suis vieille, il est vrai ; mais la glace des ans

N'a point fermé mon cœur aux nobles sentiments.

Mon cœur vous aime tous ; il chérit votre gloire

Et vos vrais intérêts. Surtout n'allez pas croire

Que mon esprit, rêvant des systèmes nouveaux,

Comme font de nos jours de si profonds cerveaux,

Bâtisse des châteaux au pays d'Icarie.

Peuple, je te le dis au nom de la patrie :

Toujours des anciens temps garde le souvenir !

Respecte le passé comme moi l'avenir !

Et songe qu'ici-bas, pour mieux voir la lumière,

Il faut à chaque pas regarder en arrière.

Français, pour vous donner ces sincères avis,
Que je crois excellents, surtout s'ils sont suivis,
Au sein de mes enfants j'ai pris pour secrétaire
Le plus humble de tous,

UN BIBLIOTHÉCAIRE.

Paris.   Imprimerie Le Normant, rue de Seine, 8.

ERRATA.

P. 10, vers 3, *au lieu de* paye fort, *lisez* paye assez.

— 20, *après ce vers*

Mais il n'en est jamais avec l'alignement,

ajoutez les deux suivants :

Peut-on s'imaginer une telle insolence?
Ah! d'indignation j'en frémis quand j'y pense!

16, — 13, *au lieu de* voyent, *lisez* ont vu.

20, — 17,   ...   ont,   — on.